ة شروحات ومؤلفات العقيدة (علم أصول الدين): ٢

The Blessing - *An Explanation of the Creed of the Nation*

النِّعمَةُ شَرحُ عَقِيدَةِ الأُمَّةِ

The Blessing: An Explanation of The Creed of the Nation.

Religious **Extremism** - *Religious* **Moderation** - *Religious* **Looseness (K. A.).**

تأليف الفقير إلى الله:

خادم الدين بن يونس بن عبد القادر السريع

غفر الله له ولوالديه وللمسلمين

مشروع دار عقيدة الإسلام للنشر والتوزيع

Modular Education For Higher Madrassah Academic Development & Thinking.

The Academic *alamiyyah* Seminary Programmes & Title Certification.

النعمة شرح 1 عقيدة الأمة

A Theological, Language & Translation Academic Modular Programme.

سلسلة شروحات ومؤلفات العقيدة (علم أصول الدين): ٢

The Blessing - *An Explanation of the Creed of the Nation*

اَلنِّعْمَةُ شَرْحُ عَقِيدَةِ الْأُمَّةِ

تأليف الفقير إلى الله:

خادم الدين بن يونس بن عبد القادر السريع

غفر الله له ولوالديه وللمسلمين

مشروع دار عقيدة الإسلام للنشر والتوزيع

النعمة شرح 2 عقيدة الأمة

A Theological, Language & Translation Academic Modular Programme.

سلسلة شروحات ومؤلفات العقيدة (علم أصول الدين): ٢

The Blessing - *An Explanation of the Creed of the Nation*

اَلنِّعْمَةُ شَرْحُ عَقِيْدَةِ الأُمَّةِ

The Blessing: An Explanation of The Creed of the Nation

Religious **Extremism** - *Religious* **Moderation** - *Religious* **Looseness**

تأليف الفقير إلى الله:

خادم الدين بن يونس بن عبد القادر السريع

K. A.

غفر الله له ولوالديه وللمسلمين

مشروع دار عقيدة الإسلام للنشر والتوزيع

Modular Education For Higher Madrassah Academic Development & Thinking.

The Academic *alamiyyah* Seminary Programmes & Title Certification.

النعمة شرح 3 عقيدة الأمة

A Theological, Language & Translation Academic Modular Programme.

سلسلة شروحات ومؤلفات العقيدة (علم أصول الدين): ٢

The Blessing - *An Explanation of the Creed of the Nation*

(ح) مشروع دار عقيدة أهل السنة والجماعة ٢٠٢٠م
The Blessing - *An Explanation of the Creed of the Nation*
السريع - خادم الدين بن يونس
K.A.
النعمة شرح عقيدة الأمة
٢٠٢٠
نسخة مسودة لطلاب اللغة والعلم (دراسة خاصة فقط) اللغة العربية والترجمة.
إذا وجدت أي نوع من الأخطاء في هذا الكتاب أبلغنا من فضلك
سلسلة (علم أصول الدين) رسالة: ٢

٢٠٢٠م

النعمة شرح 4 عقيدة الأمة

A Theological, Language & Translation Academic Modular Programme.

سلسلة شروحات ومؤلفات العقيدة (علم أصول الدين): ٢

The Blessing - *An Explanation of the Creed of the Nation*

بسم الله الرحمن الرحيم

إنما الأعمال بالنيات

النعمة شرح 5 عقيدة الأمة

A Theological, Language & Translation Academic Modular Programme.

سلسلة شروحات ومؤلفات العقيدة (علم أصول الدين): ٢

The Blessing - *An Explanation of the Creed of the Nation*

نعمة الرحمن على عبده الفقير وهذه النعمة هدية وجواب للجميع

The Blessing - *An Explanation of the Creed of the Nation*

Theological & Translation Modular Programme

النعمة شرح 6 عقيدة الأمة

A Theological, Language & Translation Academic Modular Programme.

كتب أخرى إن شاء الله موجودة الآن أو قريبا:

- شجرة النحو دروس ودراسة اللغة العربية.
- الفكر والتوضيح علم مصطلح الحديث.
- الأحاديث النبوية باللغة العربية والإنجليزية.
- الغربية عقيدة أهل السنة والجماعة.
- فهم القواعد (نسخ كثيرة).
- كتابة اللغة العربية (الحروف).
- شرح العقيدة الطحاوية المجلد ١ باللغة الإنجليزية.
- برنامج اللغة العربية (الكلمات) ١.
- كتاب للحفظ.
- دعوة الأنبياء باللغة الإنجليزية.
- رسائل لطلاب الجامعة باللغة الإنجليزية.
- النعمة شرح عقيدة الأمة.
- وغيرها قريبا إن شاء الله.

———————(*****)———————

النعمة شرح ٧ عقيدة الأمة

A Theological, Language & Translation Academic Modular Programme.

سلسلة شروحات ومؤلفات العقيدة (علم أصول الدين): ٢

The Blessing - *An Explanation of the Creed of the Nation*

Other Books To Own & Have In Your Bookshelves.

The Following Titles Are Available In Shaa Allah Designed Specially For Our Academic Madrasa Students Online & Onsite:

Academic alamiyyah Titles:

1. PROPHETIC NARRATIONS & GEMS Series (Arabic & English) Available Online. (Author K. A.).
2. al-gharbiyyah (The Belief of the People of the sunnah). Author K. A.).
3. Academic `alamiyyah Arabic Course (Level 1) Module 2 (Basic Vocabulary Retention). Author K. A.).
4. Academic `alamiyyah Arabic Course (Level 1) Module 1 (Basic Vocabulary Retention). Author K. A.).
5. The Clear Explanation - An Explanation of al-aqidah at-tahawiyyah VOLUME 1. The Belief of a Muslim. Author K. A.).
6. 6 Academic Essays on Islamic Studies (Author K. A.).
7. THE PROPHETS & THEIR DIVINE MESSAGE. (Author K. A.).

Madrassah Education Titles:

8. Private Education (Dar SEMA) Alif Baa Taa Book. Author K. A.).
9. Hifz Tracker & Hifz Log Book - The Siraaj Hifz Programme. Author K. A.).
10. YOUR BELOVED CHILD'S LEARNING HOW TO WRITE ARABIC BOOK. Author K. A.).
11. Hifz Tracker & Diary for Teachers & Students. Dar SEMA. Author K. A.).

النعمة شرح 8 عقيدة الأمة

A Theological, Language & Translation Academic Modular Programme.

(مقدمة:)

بسم الله الرحمن الرحيم

الحمد **لله** الذي أرسل الرسل وأنزل الكتب وجعلنا من أمة محمد ﷺ

وهي خير الأمم وأشكره على هذه النعمة وأشهد ألا إله إلا **الله** وحده لا شريك

له وأشهد أن محمدا عبده ورسوله وخاتم الأنبياء وسيد المرسلين والصلاة

والسلام على رسولنا محمد وعلى آله وأصحابه أجمعين أما بعد:

أسأل **الله** الكريم رب العرش العظيم أن ينفع العالم والمسلمين كلهم بهذا

العمل الصغير وأن يكتب لنا حسن الخاتمة وأن يكتب لهذا الكتاب (**النعمة**

النعمة شرح 9 عقيدة الأمة

سلسلة شروحات ومؤلفات العقيدة (علم أصول الدين) : ٢

The Blessing - *An Explanation of the Creed of the Nation*

شرح عقيدة الأمة) القبول في الأرض وأن يغفر لنا و لإخواننا وأبنائنا وزوجاتنا

ووالدينا وأن يدخلنا الجنة بغير حساب ولا عذاب.

وصلى الله على نبينا محمد وعلى آله وأصحابه أجمعين.

تأليف الفقير إلى الله:
خادم الدين بن يونس بن عبد القادر
السريع

١٤٤١ﻫ

٭٭٭٭٭

النعمة شرح 10 عقيدة الأمة

A Theological, Language & Translation Academic Modular Programme.

سلسلة شروحات ومؤلفات العقيدة (علم أصول الدين): ٢

The Blessing - *An Explanation of the Creed of the Nation*

(مذكرات و تعليقات)

النعمة شرح 11 عقيدة الأمة

A Theological, Language & Translation Academic Modular Programme.

───(فصل: النعمة)───

٭ سنشرح بعض مسائل علم العقيدة إن شاء **الله** في هذا الكتاب وسميته

(النعمة شرح عقيدة الأمة).

٭ أكبر نعمة على الإنسان هي نعمة الإيمان.

٭ قال **الله** سبحانه وتعالى:

﴿مَن يَهْدِ اللَّهُ فَهُوَ الْمُهْتَدِي ۖ وَمَن يُضْلِلْ فَأُولَٰئِكَ هُمُ الْخَاسِرُونَ﴾

(سورة: الأعراف الآية: ١٧٨).

٭ وقول **الله** تعالى:

﴿يَمُنُّونَ عَلَيْكَ أَنْ أَسْلَمُوا ۖ قُل لَّا تَمُنُّوا عَلَيَّ إِسْلَامَكُم ۖ بَلِ اللَّهُ يَمُنُّ عَلَيْكُمْ أَنْ هَدَاكُمْ لِلْإِيمَانِ إِن كُنتُمْ صَادِقِينَ﴾

(سورة: الحجرات الآية: ١٧).

* كلمة التوحيد وهي كلمة لا إله إلا **الله** هي نعمة عظيمة وهذه الكلمة (لا

إله إلا **الله**) أفضل شعب الإيمان وأخذنا هذا من قول النبي ﷺ لأنه قد قال

ﷺ:

((الإيمان بضع وسبعون أو بضع وستون شعبة فأفضلها قول لا إله إلا **الله** وأدناها

إماطة الأذى عن الطريق والحياء شعبة من الإيمان))

(رواه البخاري: ٩ ورواه مسلم: ٣٥ واللفظ له).

* نحن من أمة محمد ﷺ ونأخذ الهداية والعلوم الشريفة والعمل والدعوة من

الوحيين.

* هما كتاب **الله** وسنة المصطفى ﷺ.

النعمة شرح 14 عقيدة الأمة
A Theological, Language & Translation Academic Modular Programme.

* وقد قال **الله** سبحانه وتعالى:

﴿يَا أَيُّهَا الَّذِينَ آمَنُوا أَطِيعُوا اللَّهَ وَأَطِيعُوا الرَّسُولَ وَأُولِي الْأَمْرِ مِنكُمْ ۖ فَإِن تَنَازَعْتُمْ فِي شَيْءٍ فَرُدُّوهُ إِلَى اللَّهِ وَالرَّسُولِ إِن كُنتُمْ تُؤْمِنُونَ بِاللَّهِ وَالْيَوْمِ الْآخِرِ ۚ ذَٰلِكَ خَيْرٌ وَأَحْسَنُ تَأْوِيلًا﴾

(سورة: النساء الآية: ٥٩).

* قال جابر بن عبد **الله** ومجاهد: (**أولو الأمر**) أهل القرآن والعلم وهو اختيار مالك رحمه **الله** ونحوه قول الضحاك قال: يعني الفقهاء والعلماء في الدين.

* وهذا يدل على فضل أهل العلم والعلماء.

* وهناك أقوال أخرى في كتب التفسير وقد ذكر القرطبي (رحمه **الله**):

(فأمر بطاعته جل وعز أولا ، وهي امتثال أوامره واجتناب نواهيه ، ثم بطاعة رسوله ثانيا فيما أمر به ونهى عنه ، ثم بطاعة الأمراء ثالثا ؛ على قول الجمهور وأبي هريرة وابن عباس وغيرهم).

٭ وقد قال **الله** تعالى :

﴿من يطع الرّسول فقد أطاع الله﴾

(سورة: النساء الآية: ٨٠) .

٭٭٭٭٭

سلسلة شروحات ومؤلفات العقيدة (علم أصول الدين): ٢
The Blessing - *An Explanation of the Creed of the Nation*

(مذكرات و تعليقات)

سلسلة شروحات ومؤلفات العقيدة (علم أصول الدين): ؟

The Blessing - *An Explanation of the Creed of the Nation*

(فصل: أول الواجب)

* أول الواجب على المسلمين هو توحيد رب العالمين.

* هذا الكتاب يشمل ويشرح العقيدة الإسلامية ويبين هذه العقيدة بالكتاب

والسنة النبوية وفهم خير القرون ويبين ما يخالف هذه العقيدة.

* ترك لنا رسول **الله** ﷺ القرآن والسنة وقد قال النبي ﷺ:

((وَقَدْ تَرَكْتُ فِيكُمْ مَا لَنْ تَضِلُّوا بَعْدَهُ إِنِ اعْتَصَمْتُمْ بِهِ، كِتَابُ اللهِ، وَأَنْتُمْ تُسْأَلُونَ عَنِّي، فَمَا أَنْتُمْ قَائِلُونَ؟))

قَالُوا: نَشْهَدُ أَنَّكَ قَدْ بَلَّغْتَ وَأَدَّيْتَ وَنَصَحْتَ فَقَالَ ﷺ:

((اللهُمَّ اشْهَدْ، اللهُمَّ اشْهَدْ)) ثَلَاثَ مَرَّاتٍ. (رواه مسلم ورقم الحديث هو ١٢١٨)

* وقد قال رَسُولَ اللهِ ﷺ:

((تَرَكْتُ فِيكُمْ أَمْرَيْنِ لَنْ تَضِلُّوا مَا تَمَسَّكْتُمْ بِهِمَا: كِتَابَ اللهِ وَسُنَّةَ نَبِيِّهِ)) .

(وقد رواه الإمام مالك رحمه الله)

* قال ابن عبد البر رحمه **الله** رحمة واسعة:

(وَهَذَا أَيْضًا مَحْفُوظٌ مَعْرُوفٌ مَشْهُورٌ عَنِ النَّبِيِّ صَلَّى اللَّهُ عَلَيْهِ وَسَلَّمَ عِنْدَ أَهْلِ الْعِلْمِ شُهْرَةً يَكَادُ يُسْتَغْنَى بِهَا عَنِ الْإِسْنَادِ وَرُوِيَ فِي ذَلِكَ مِنْ أَخْبَارِ الْآحَادِ أَحَادِيثُ مِنْ أَحَادِيثِ أَبِي هُرَيْرَةَ وَعَمْرِو بْنِ عَوْفٍ)

(انتهى كتاب التمهيد لما في الموطأ من المعاني والأسانيد الحديث الثاني والثلاثون (٢٤/ ٣٣)) .

*****

سلسلة شروحات ومؤلفات العقيدة (علم أصول الدين): ؟

The Blessing - *An Explanation of the Creed of the Nation*

(مذكرات و تعليقات)

النعمة شرح 21 عقيدة الأمة

A Theological, Language & Translation Academic Modular Programme.

(فصل: وحدة الأمة)

* النور والعلم والحق المبين في الوحيين وهما مصدران للإسلام.

* ويكفي الوحي وتكفي السنة لوحدة الأمة وتوحيد صفوف المسلمين:

﴿وَلَوْ شَاءَ رَبُّكَ لَجَعَلَ النَّاسَ أُمَّةً وَاحِدَةً ۖ وَلَا يَزَالُونَ مُخْتَلِفِينَ * إِلَّا مَن رَّحِمَ رَبُّكَ ۚ وَلِذَٰلِكَ خَلَقَهُمْ ۗ وَتَمَّتْ كَلِمَةُ رَبِّكَ لَأَمْلَأَنَّ جَهَنَّمَ مِنَ الْجِنَّةِ وَالنَّاسِ أَجْمَعِينَ﴾

(سورة: هود الآية: ١١٨-١١٩)

* هذه الآية الكريمة تدل على أن **الله** سبحانه وتعالى قادر. ولو شاء:

﴿لَجَعَلَ النَّاسَ أُمَّةً وَاحِدَةً﴾.

* وهذا يشمل جميع الناس ومن الذين كفروا ونافقوا وآمنوا والدليل قوله سبحانه

وتعالى:

النعمة شرح 23 عقيدة الأمة

﴿وَلَوْ شَاءَ رَبُّكَ لَآمَنَ مَن فِي الْأَرْضِ كُلُّهُمْ جَمِيعًا أَفَأَنتَ تُكْرِهُ النَّاسَ حَتَّىٰ يَكُونُوا

مُؤْمِنِينَ﴾

(سورة: يونس الآية: ٩٩)

* ولا يزالون مختلفين كما قال **الله** تعالى وهذا الأمر موجود اليوم.

* يختلفون في أديانهم وآرائهم وطرقهم ومذاهبهم وأحزابهم وهذا موجود والناس

يختلفون :

﴿إِلَّا مَن رَّحِمَ رَبُّكَ﴾

(سورة: هود الآية: ١١٨-١١٩) .

* أما قول **الله** تعالى:

﴿وَلَوْ شَاءَ رَبُّكَ لَجَعَلَ النَّاسَ أُمَّةً وَاحِدَةً ۖ وَلَا يَزَالُونَ مُخْتَلِفِينَ * إِلَّا مَن رَّحِمَ رَبُّكَ ۚ وَلِذَٰلِكَ خَلَقَهُمْ ۗ وَتَمَّتْ كَلِمَةُ رَبِّكَ لَأَمْلَأَنَّ جَهَنَّمَ مِنَ الْجِنَّةِ وَالنَّاسِ أَجْمَعِينَ﴾

(سورة: هود الآية: ١١٨-١١٩)

* قال عكرمة: ﴿مختلفين﴾ في الهدى.

* ﴿إِلَّا مَن رَّحِمَ رَبُّكَ﴾ إلا المرحومين من الذي أخذوا هذه النعمة وآمنوا بدعوة الرسل والذين دخلوا الدين وكانوا على ملة الإسلام وكانوا من أتباع الرسل قولا وعملا واعتقادا.

* وقد قال سبحانه وتعالى:

﴿وَلَوْ شَاءَ رَبُّكَ لَآمَنَ مَن فِي الْأَرْضِ كُلُّهُمْ جَمِيعًا ۚ أَفَأَنتَ تُكْرِهُ النَّاسَ حَتَّىٰ يَكُونُوا مُؤْمِنِينَ﴾

* وقد قال ابن كثير رحمه **الله** في تفسيره لهذه الآية الكريمة العظيمة:

(يا محمد (ﷺ) لأذن لأهل الأرض كلهم في الإيمان بما جئتهم به فآمنوا

كلهم ولكن له حكمة فيما يفعله تعالى........ **الله** تعالى هو الفعال لما يريد

الهادي من يشاء المضل لمن يشاء لعلمه وحكمته وعدله)

(تفسير ابن كثير).

*****

سلسلة شروحات ومؤلفات العقيدة (علم أصول الدين): ٢٧

The Blessing - *An Explanation of the Creed of the Nation*

(مذكرات و تعليقات)

النعمة شرح ٢٧ عقيدة الأمة

A Theological, Language & Translation Academic Modular Programme.

(فصل: الناجية)

* وهناك حديث مهم في دراسة الافتراق وبعض مسائل العقيدة وهو قول النبي

ﷺ:

((إن اليهود افترقت على إحدى وسبعين فرقة وإن النصارى افترقوا على ثنتين وسبعين فرقة وستفترق أمتي على ثلاث وسبعين فرقة كلها في النار إلا فرقة واحدة)).

قالوا: ومن هم يا رسول الله؟ قال:

((ما أنا عليه وأصحابي)).

(رواه الحاكم في مستدركه بهذه الزيادة)

* حديث الافتراق رواه أبو داود رحمه **الله** والترمذي رحمه **الله** وغيرهم رحمهم **الله**. ولهذا الحديث شواهد وهذا الحديث له قدر كبير وقد ثبت عن المصطفى ﷺ وقد صحح هذا الحديث الترمذي وصححه الحاكم وصححه الذهبي وصححه صاحب التفسير ابن كثير رحمه **الله**.

* وقد قال أحمد بن عبد الحليم الحراني رحمه **الله**:

(حديث صحيح مشهور).

* وقد صحح حديث الافتراق أكثر العلماء.

* عَنْ مُعَاوِيَةَ بْنِ أَبِي سُفْيَانَ رضي الله عنهما قَالَ: أَلَا إِنَّ رَسُولَ اللَّهِ ﷺ

قَامَ فِينَا فَقَالَ:

((أَلَا إِنَّ مَنْ قَبْلَكُمْ مِنْ أَهْلِ الْكِتَابِ افْتَرَقُوا عَلَى ثِنْتَيْنِ وَسَبْعِينَ مِلَّةً وَإِنَّ هَذِهِ الْمِلَّةَ سَتَفْتَرِقُ عَلَى ثَلَاثٍ وَسَبْعِينَ ، ثِنْتَانِ وَسَبْعُونَ فِي النَّارِ ، وَوَاحِدَةٌ فِي الْجَنَّةِ ، وَهِيَ الْجَمَاعَةُ)).

(وقد رواه أبو داود (٤٥٩٧) والحاكم (٤٤٣) و صححه وحسنه ابن حجر و صححه شيخ الإسلام في مجموع الفتاوى (٣ / ٣٤٥) والشاطبي في الاعتصام (١ / ٤٣٠) والعراقي في تخريج الإحياء (٣ / ١٩٩) وهناك طرق كثيرة) .

(ولرواية أخرى الترمذي (٢٦٤١) وحسّنه ابن العربي في (أحكام القرآن) (٣ / ٤٣٢) والعراقي في (تخريج الإحياء) (٣ / ٢٥٤) و صحيح الترمذي لمحمد ناصر الدين).

* أما قول **الله** تعالى:

﴿وَلَوْ شَاءَ رَبُّكَ لَجَعَلَ النَّاسَ أُمَّةً وَاحِدَةً ۖ وَلَا يَزَالُونَ مُخْتَلِفِينَ * إِلَّا مَن رَّحِمَ رَبُّكَ ۚ وَلِذَٰلِكَ خَلَقَهُمْ ۗ وَتَمَّتْ كَلِمَةُ رَبِّكَ لَأَمْلَأَنَّ جَهَنَّمَ مِنَ الْجِنَّةِ وَالنَّاسِ أَجْمَعِينَ﴾

(سورة: هود الآية: ١١٨-١١٩)

* ﴿وَلَا يَزَالُونَ مُخْتَلِفِينَ﴾ قيل: اليهود والنصارى والمجوس إلا الحنيفية.

وقال قتادة رحمه **الله**:

(أهل رحمة الله أهل الجماعة وإن تفرقت ديارهم وأبدانهم).

* وقد قال الله تعالى:

﴿فمنهم شقي وسعيد﴾

[هود : ١٠٤]

⁕ **الله** سبحانه وتعالى قد خلق هؤلاء لجنته وقد خلق هؤلاء لناره سبحانه

وتعالى.

⁕ وهناك فريق في النعيم وكذلك هناك فريق في السعير.

⁕⁕⁕⁕⁕

سلسلة شروحات ومؤلفات العقيدة (علم أصول الدين): ؟

The Blessing - *An Explanation of the Creed of the Nation*

(مذكرات و تعليقات)

النعمة شرح 34 عقيدة الأمة

A Theological, Language & Translation Academic Modular Programme.

سلسلة شروحات ومؤلفات العقيدة (علم أصول الدين): ٢

The Blessing - *An Explanation of the Creed of the Nation*

النعمة شرح 35 عقيدة الأمة

A Theological, Language & Translation Academic Modular Programme.

سلسلة شروحات ومؤلفات العقيدة (علم أصول الدين): ٢

The Blessing - *An Explanation of the Creed of the Nation*

النعمة شرح 36 عقيدة الأمة

A Theological, Language & Translation Academic Modular Programme.

* العلماء رحمهم **الله** يفقهون الوحيين.

* والمسلمون يسألون أهل العلم لأن **الله** أمرهم بقوله تعالى:

﴿وَمَا أَرْسَلْنَا مِن قَبْلِكَ إِلَّا رِجَالًا نُّوحِي إِلَيْهِمْ ۚ فَاسْأَلُوا أَهْلَ الذِّكْرِ إِن كُنتُمْ لَا تَعْلَمُونَ﴾

(النحل ٤٣)

* أهل السنة والجماعة يأخذون الدليل أولا ثم يدرسون المسائل أو يدرسون المسائل المبنية على الدليل ومن الأمثلة على ذلك: كتب الأحاديث وهي الأدلة أو كتب الفقه وهي مبنية على الأدلة.

* ولكن هنا الأمر أهم من الفقه لأن العقيدة هي الأساس وهي الفقه الأكبر

والشريعة ولها أسماء أخرى كما ذكرت في المتن: (الغربية عقيدة أهل السنة

والجماعة) وهو متن شامل للدراسة والحفظ والتدريس.

* والمسلمون يؤمنون بأن **الله** خلق العرش وقد قال **الله** سبحانه وتعالى:

﴿الرَّحْمَنُ عَلَى الْعَرْشِ اسْتَوَى﴾

(طه: ٥)

* خلق **الله** العرش قبل القلم والقلم خُلقَ بعد العرش. الأحاديث الشريفة التي

تدل على هذه المسألة قد صححها المحدثون والعلماء رحمهم **الله**.

* عَنْ عَبْدِ اللَّهِ بْنِ عَمْرِو بْنِ الْعَاصِ قَالَ: سَمِعْتُ رَسُولَ اللَّهِ ﷺ يَقُولُ:

((كَتَبَ اللَّهُ مَقَادِيرَ الْخَلَائِقِ قَبْلَ أَنْ يَخْلُقَ السَّمَاوَاتِ وَالْأَرْضَ بِخَمْسِينَ أَلْفَ سَنَةٍ....وَعَرْشُهُ عَلَى الْمَاءِ))

(رواه مسلم ٢٦٥٣)

* ((وَعَرْشُهُ عَلَى الْمَاءِ)) يدل على أن العرش خُلق قبل خلق القلم. قال الإمام مالك رحمه **الله**: لما سئل عن الاستواء، قال:

(الاستواء معلوم والكيف مجهول والإيمان به واجب والسؤال عنه بدعة).

* و سنشرح هذه المسألة إن شاء الله.

****

سلسلة شروحات ومؤلفات العقيدة (علم أصول الدين): ؟

The Blessing - *An Explanation of the Creed of the Nation*

(مذكرات و تعليقات)

النعمة شرح 40 عقيدة الأمة

A Theological, Language & Translation Academic Modular Programme.

سلسلة شروحات ومؤلفات العقيدة (علم أصول الدين): ٢

The Blessing - *An Explanation of the Creed of the Nation*

النعمة شرح 42 عقيدة الأمة

A Theological, Language & Translation Academic Modular Programme.

(فصل: الجهمية)

* الجهمية طائفة كافرة وهم كفَّار لأنهم نفوا الأسماء والصفات كلها وهم الجهمية المحضة.

* و نقول أن كل موجود له صفات وأسماء وإذا ليس لك أي صفة من الصفات وليس لك أي اسم من الأسماء فأنت لست بموجود.

* إن هؤلاء قد كفرهم العلماء **رحمهم الله.**

* وحديث الافتراق يدل على الفرق في هذه الأمة وهذه الطائفة (الجهمية) ليست من هذه الفرق.

* وقد كفرهم خمسمائة عالم من علماء المسلمين.

النعمة شرح 43 عقيدة الأمة

A Theological, Language & Translation Academic Modular Programme.

* وقد كتب أحمد بن حنبل كتابه (الرد على الزنادقة والجهمية) وقد قال رحمه

الله تعالى:

(وإنا لنرجو أن يكون الجهم وشيعته ممن لا ينظرون إلى ربهم ويحجبون عن

الله لأن الله قال للكفار:

﴿كلا إنهم عن ربهم يومئذ لمحجوبون﴾

(المطففين: ١٥)).

(الرد على الزنادقة والجهمية)

* قال الدارمي رحمه الله:

(ونكفرهم أيضا بكفر مشهور)

٭ الدارمي ذكر أسماء العلماء الذين كفروا الجهمية. ومنهم مالك بن أنس رحمه الله.

٭٭٭٭٭

سلسلة شروحات ومؤلفات العقيدة (علم أصول الدين): ؟

The Blessing - *An Explanation of the Creed of the Nation*

(مذكرات و تعليقات)

النعمة شرح 46 عقيدة الأمة

A Theological, Language & Translation Academic Modular Programme.

سلسلة شروحات ومؤلفات العقيدة (علم أصول الدين): ؟

The Blessing - *An Explanation of the Creed of the Nation*

النعمة شرح 48 عقيدة الأمة

A Theological, Language & Translation Academic Modular Programme.

(فصل: التعطيل)

* الجهمية يتبعون جهم بن صفوان السمرقندي. وجهم بن صفوان أخذ التعطيل

من الجعد بن درهم والجعد بن درهم أخذ التعطيل عن اليهود.

* مذهب طائفة الجهمية مذهب باطل. مذهب جهم بن صفوان السمرقندي

هو مذهب باطل. دينه خارج من دائرة الإسلام.

* ما هو معنى التعطيل؟ التعطيل في الأسماء والصفات هو نفي الأسماء

والصفات أو بعضها.

* أهل السنة والجماعة يؤمنون بجميع أسماء الله وصفاته المذكورة بالوحيين.

* لا يوجد في أي إسم من أسماء الله نقص وقد حذر الله في قوله:

﴿وَلِلَّهِ الْأَسْمَاءُ الْحُسْنَىٰ فَادْعُوهُ بِهَا وَذَرُوا الَّذِينَ يُلْحِدُونَ فِي أَسْمَائِهِ سَيُجْزَوْنَ مَا كَانُوا يَعْمَلُونَ﴾

[الأعراف: ١٨٠].

* أهل السنة والجماعة يثبتون **لله** الأسماء والصفات.

* **العليم** من أسماء **الله** وهو اسم **لله** ونقول أيضا يا عليم علمنا علما نافعا والعلم صفة من صفات **الله** وهذه **الصفة** دل عليها اسم **الله** العليم.

* هناك قاعدة عظيمة من قواعد العقيدة النافعة في الأسماء والصفات.

(أسماء **الله** تتضمن صفات من صفات كماله).

*****

سلسلة شروحات ومؤلفات العقيدة (علم أصول الدين): ؟

The Blessing - *An Explanation of the Creed of the Nation*

(مذكرات و تعليقات)

النعمة شرح 51 عقيدة الأمة

A Theological, Language & Translation Academic Modular Programme.

————(فصل: الكلام)————

* كلام الله غير مخلوق والله يتكلم ونثبت هذه الصفة لله.

* ونثبت أيضا أن الله يسمع ويبصر.

* وقد قال **الله** تعالى:

﴿وَرُسُلًا قَدْ قَصَصْنَاهُمْ عَلَيْكَ مِن قَبْلُ وَرُسُلًا لَّمْ نَقْصُصْهُمْ عَلَيْكَ ۚ وَكَلَّمَ اللَّهُ مُوسَىٰ تَكْلِيمًا﴾

(ص ٧٥).

* **الله** سبحانه وتعالى يتكلم وكلامه كلام حقيقي وقد قال **الله** سبحانه وتعالى:

﴿تِلْكَ الرُّسُلُ فَضَّلْنَا بَعْضَهُمْ عَلَى بَعْضٍ مِنْهُم مَّن كَلَّمَ اللَّهُ وَرَفَعَ بَعْضَهُمْ

دَرَجَاتٍ﴾

(البقرة ٢٥٣).

*****

سلسلة شروحات ومؤلفات العقيدة (علم أصول الدين): ؟

The Blessing - *An Explanation of the Creed of the Nation*

(مذكرات و تعليقات)

النعمة شرح 55 عقيدة الأمة

A Theological, Language & Translation Academic Modular Programme.

سلسلة شروحات ومؤلفات العقيدة (علم أصول الدين): ٢

The Blessing - *An Explanation of the Creed of the Nation*

النعمة شرح 56 عقيدة الأمة

A Theological, Language & Translation Academic Modular Programme.

ــــــ (فصل: المحبة) ــــــ

* المؤمن يريد محبة **الله** وقد قال **الله** تبارك وتعالى في كتابه الكريم:

﴿قُلْ إِن كُنتُمْ تُحِبُّونَ اللَّهَ فَاتَّبِعُونِي يُحْبِبْكُمُ اللَّهُ وَيَغْفِرْ لَكُمْ ذُنُوبَكُمْ ۗ وَاللَّهُ غَفُورٌ رَّحِيمٌ﴾ (آل عمران ٣١)

* نثبت صفة المحبة **لله** سبحانه وتعالى ونثبت الصفات الذاتية.

* ما الصفات الذاتية؟ الصفات الذاتية: لم يزل ولا يزال الله متصفاً بها.

* العلم والقدرة والسمع والبصر والعزة والوجه واليدين والحكمة والعلو من الصفات الذاتية.

٭٭٭٭٭

(مذكرات و تعليقات)

سلسلة شروحات ومؤلفات العقيدة (علم أصول الدين): ٢

The Blessing - *An Explanation of the Creed of the Nation*

النعمة شرح ٦٠ عقيدة الأمة

A Theological, Language & Translation Academic Modular Programme.

ــــــــ (فصل: نعمة الإيمان) ــــــــ

❉ مذهب أهل السنة والجماعة هو أن الإيمان قول وعمل واعتقاد.

❉ وقد تكرر ذكر الإيمان في الكتاب الكريم والسنة النبوية الشريفة.

❉ وإن عبد البر قد حكى الإجماع (في *التمهيد* ٩-٢٤٨) على أن الإيمان: قول

وعمل **القلب** وقول **اللسان** وعمل **الجوارح**.

❉ الأدلة الصريحة الواضحة على أن الإيمان اعتقاد القلب وقول اللسان وعمل

الجوارح هي:

﴿أُولَـٰئِكَ كَتَبَ فِي قُلُوبِهِمُ الْإِيمَانَ وَأَيَّدَهُم بِرُوحٍ مِّنْهُ ۖ وَيُدْخِلُهُمْ جَنَّاتٍ تَجْرِي مِن تَحْتِهَا الْأَنْهَارُ خَالِدِينَ فِيهَا ۚ رَضِيَ اللَّهُ عَنْهُمْ وَرَضُوا عَنْهُ ۚ أُولَـٰئِكَ حِزْبُ اللَّهِ ۚ أَلَا إِنَّ حِزْبَ اللَّهِ هُمُ الْمُفْلِحُونَ﴾

(**المجادلة ٢٢**)

﴿قُولُوا آمَنَّا بِاللَّهِ وَمَا أُنزِلَ إِلَيْنَا وَمَا أُنزِلَ إِلَىٰ إِبْرَاهِيمَ وَإِسْمَاعِيلَ وَإِسْحَاقَ وَيَعْقُوبَ وَالْأَسْبَاطِ وَمَا أُوتِيَ مُوسَىٰ وَعِيسَىٰ وَمَا أُوتِيَ النَّبِيُّونَ مِن رَّبِّهِمْ لَا نُفَرِّقُ بَيْنَ أَحَدٍ مِّنْهُمْ وَنَحْنُ لَهُ مُسْلِمُونَ﴾

(**البقرة ١٣٦**)

﴿وَتِلْكَ الْجَنَّةُ الَّتِي أُورِثْتُمُوهَا بِمَا كُنتُمْ تَعْمَلُونَ لَكُمْ فِيهَا فَاكِهَةٌ كَثِيرَةٌ مِّنْهَا تَأْكُلُونَ﴾

(**الزخرف ٧٣**)

❊ وهناك حديث عظيم (**في صحيح البخاري**) يدل على هذا التعريف للإيمان:

النعمة شرح 62 عقيدة الأمة

((أَتَدْرُونَ مَا الإِيمَانُ بِاللَّهِ وَحْدَهُ؟.....شَهَادَةُ أَنْ لاَ إِلَهَ إِلاَّ اللَّهُ وَأَنَّ مُحَمَّدًا رَسُولُ اللَّهِ، وَإِقَامُ الصَّلاَةِ، وَإِيتَاءُ الزَّكَاةِ، وَصِيَامُ رَمَضَانَ))

*****

سلسلة شروحات ومؤلفات العقيدة (علم أصول الدين): ٢

The Blessing - *An Explanation of the Creed of the Nation*

(مذكرات و تعليقات)

النعمة شرح 64 عقيدة الأمة

(فصل: عدله وحكمته سبحانه وتعالى)

* وقد قال **الله** سبحانه وتعالى:

﴿وَوُضِعَ الْكِتَابُ فَتَرَى الْمُجْرِمِينَ مُشْفِقِينَ مِمَّا فِيهِ وَيَقُولُونَ يَا وَيْلَتَنَا مَالِ هَٰذَا الْكِتَابِ لَا يُغَادِرُ صَغِيرَةً وَلَا كَبِيرَةً إِلَّا أَحْصَاهَا ۚ وَوَجَدُوا مَا عَمِلُوا حَاضِرًا ۗ وَلَا يَظْلِمُ رَبُّكَ أَحَدًا﴾

(**الكهف ٤٩**).

* لا يظلم **الله** عباده ولا يظلم مسلما ولا كافرا.

* قال **الله** سبحانه تعالى:

﴿ذَٰلِكَ بِمَا قَدَّمَتْ أَيْدِيكُمْ وَأَنَّ اللَّهَ لَيْسَ بِظَلَّامٍ لِّلْعَبِيدِ﴾

(**الأنفال ٥١**).

❊ **الله** سبحانه وتعالى قد خلق الخلق لحكمة عظيمة.

❊ ونقول للملحدين لو لم يخلق الخلق لحكمة لكان خلق الخلق عبثا تعالى **الله** عن أقوال الملحدين الباطلة.

❊ وقد قال **الله** سبحانه وتعالى:

﴿وَمَا خَلَقْتُ الْجِنَّ وَالْإِنسَ إِلَّا لِيَعْبُدُونِ﴾

(الذاريات ٥٦)

﴿إِنَّ اللَّهَ عَلِيمٌ حَكِيمٌ﴾

(التوبة: ٢٨).

﴿وَمَا خَلَقْنَا السَّمَاءَ وَالْأَرْضَ وَمَا بَيْنَهُمَا بَاطِلًا﴾

(ص: ٢٧).

سلسلة شروحات ومؤلفات العقيدة (علم أصول الدين): ٢

The Blessing - *An Explanation of the Creed of the Nation*

﴿وَخَلَقَ كُلَّ شَيْءٍ فَقَدَّرَهُ تَقْدِيراً﴾

(الفرقان: ٢)

*****

النعمة شرح 68 عقيدة الأمة

A Theological, Language & Translation Academic Modular Programme.

(مذكرات و تعليقات)

(فصل: الإرادة)

* أهل السنة والجماعة يثبتون **لله** جميع الصفات ويثبتون مشيئة **الله** وإرادة **الله**.

* **الله** سبحانه وتعالى قد خلق الأكوان والإنسان والجن والأشجار والبحار.

* ومن أدلة الإرادة والمشيئة:

﴿وَلَوْ شَاءَ رَبُّكَ مَا فَعَلُوهُ﴾

(الأنعام: ١١٢).

﴿وَلَوْ شَاءَ اللَّهُ مَا اقْتَتَلُوا وَلَٰكِنَّ اللَّهَ يَفْعَلُ مَا يُرِيدُ﴾

(البقرة: ٢٥٣).

* الإرادة نوعان وهما الإرادة الكونية القدرية والآخر الإرادة الدينية الشرعية.

* **الإرادة الكونية القدرية** هي المشيئة العامة وهي تشمل جميع المخلوقات

وهي إرادة **الله** وهذه الإرادة هي شاملة لجميع الكائنات والحوادث.

* والأدلة في كتاب الله هي:

﴿فَمَن يُرِدِ اللَّهُ أَن يَهْدِيَهُ يَشْرَحْ صَدْرَهُ لِلإِسْلَامِ وَمَن يُرِدْ أَن يُضِلَّهُ يَجْعَلْ صَدْرَهُ ضَيِّقًا حَرَجًا﴾

(الأنعام: ١٢٥).

﴿وَلَوْ شَاءَ اللَّهُ مَا اقْتَتَلُواْ وَلَكِنَّ اللَّهَ يَفْعَلُ مَا يُرِيدُ﴾

(البقرة: ٢٥٣).

* **الإرادة الشرعية الدينية:**

﴿يُرِيدُ اللَّهُ بِكُمُ الْيُسْرَ وَلَا يُرِيدُ بِكُمُ الْعُسْرَ﴾

[البقرة: ١٨٥]

﴿مَا يُرِيدُ اللَّهُ لِيَجْعَلَ عَلَيْكُم مِّنْ حَرَجٍ وَلَكِن يُرِيدُ لِيُطَهِّرَكُمْ وَلِيُتِمَّ نِعْمَتَهُ عَلَيْكُمْ لَعَلَّكُمْ تَشْكُرُونَ﴾

[المائدة: ٦]

﴿يُرِيدُ اللَّهُ لِيُبَيِّنَ لَكُمْ وَيَهْدِيَكُمْ سُنَنَ الَّذِينَ مِن قَبْلِكُمْ وَيَتُوبَ عَلَيْكُمْ وَاللَّهُ عَلِيمٌ حَكِيمٌ وَاللَّهُ يُرِيدُ أَن يَتُوبَ عَلَيْكُمْ وَيُرِيدُ الَّذِينَ يَتَّبِعُونَ الشَّهَوَاتِ أَن تَمِيلُوا مَيْلاً عَظِيمًا يُرِيدُ اللَّهُ أَن يُخَفِّفَ عَنكُمْ وَخُلِقَ الإِنسَانُ ضَعِيفًا﴾

[النساء: ٢٦-٢٨]

❊ وقد قلنا أن **الله** خلق الخلق لحكمة وقد خلق الخلق بالإرادة والمشيئة.

❊❊❊

سلسلة شروحات ومؤلفات العقيدة (علم أصول الدين): ؟

The Blessing - *An Explanation of the Creed of the Nation*

النعمة شرح 74 عقيدة الأمة

A Theological, Language & Translation Academic Modular Programme.

سلسلة شروحات ومؤلفات العقيدة (علم أصول الدين): ٢

The Blessing - *An Explanation of the Creed of the Nation*

(مذكرات و تعليقات)

النعمة شرح 75 عقيدة الأمة

A Theological, Language & Translation Academic Modular Programme.

سلسلة شروحات ومؤلفات العقيدة (علم أصول الدين): ٢

The Blessing - *An Explanation of the Creed of the Nation*

النعمة شرح ٧٧ عقيدة الأمة

A Theological, Language & Translation Academic Modular Programme.

ـــــــــ (فصل: الأقسام) ـــــــــ

* أقسام التوحيد الثلاثة المشهورة المذكورة في كتب العقيدة وكتب العلوم الشرعية ليست ببدعة كما يزعم بعض الناس.

* الأقسام كلها مبنية على ما جاء في الوحي وهو القرآن الكريم.

* أدلة هذه الأقسام الثلاثة هي موجودة في الكتاب الكريم والسنة الشريفة.

* وهذه الأقسام الثلاثة المشهورة عند العلماء هي الألوهية والربوبية والأسماء والصفات.

* وهي موجودة كلها في الفاتحة وهي السورة الأولى. وهي موجودة كلها في سورة الناس.

❋ وكل صفحة من صفحات القرآن تتعلق بالتوحيد.

❋ وأكرر مرة أخرى أن أقسام التوحيد ليست ببدعة.

❋ الأقسام هي لتيسير وتسهيل فهم النقل.

❋ وبعض العلماء (رحمهم **الله**) قد قسم التوحيد إلى قسمين: والقسم الأول هو توحيد المعرفة والإثبات والقسم الثاني هو توحيد القصد والطلب.

❋ وقد زاد بعضهم بقسم رابع. وقالوا أن القسم الرابع هو توحيد الاتباع أو توحيد الحاكمية. ولكن الحقيقة هي أن هذا القسم من قسم توحيد الألوهية.

* المسلم يؤمن بجميع أنواع العبادة ومنها هو القسم الرابع الذي ذكرنا وهو

داخل توحيد الألوهية.

* تقسيم التوحيد هو التقسيم الاستقرائي بدلالة الوحيين.

* هل تعلم من هو الإمام الطبري؟ هو محمد بن جرير بن يزيد بن كثير بن

غالب الطبري (رحمه **الله** تعالى) وُلِد سنة ٢٢٤هـ وهو صاحب التفسير

المشهور وهو تفسير الطبري.

* قال ابن خزيمة (رحمه **الله**) عن هذا العالم والمفسر:

(نظرت في تفسيره (ابن جرير الطبري) من أوله إلى آخره فما أعلم على أديم

الأرض أعلم من ابن جرير).

(لسان الميزان (٢٥/٧). تاريخ بغداد ٢-١٦٤)

* وهذا المفسر العظيم والعالم الكبير قد ذكر الألوهية والربوبية والتوحيد وإنه قد

قال (رحمه **الله**) في تفسيره:

(بإفراد **الربوبية**، وانقاد له بإخلاص التوحيد **والألوهية**)

(تفسير الطبري سورة آل عمران آية ٨٣).

* وأيضا في تفسير الطبري:

سلسلة شروحات ومؤلفات العقيدة (علم أصول الدين): ٢

(ولا تجعلوا له في **الربوبية والعبادة** شريكًا)

(تفسير الطبري سورة النساء آية ٣٦).

*****

سلسلة شروحات ومؤلفات العقيدة (علم أصول الدين): ؟

The Blessing - *An Explanation of the Creed of the Nation*

(مذكرات و تعليقات)

A Theological, Language & Translation Academic Modular Programme.

A Theological, Language & Translation Academic Modular Programme.

سلسلة شروحات ومؤلفات العقيدة (علم أصول الدين): ؟

The Blessing - *An Explanation of the Creed of the Nation*

النعمة شرح 85 عقيدة الأمة

A Theological, Language & Translation Academic Modular Programme.

(فصل: الإيمان بالله أو أن تعبده وحده)

* لا يكفي للمسلم أن يقر بالربوبية لأن الشيطان يقر بالربوبية والمشركين يؤمنون بتوحيد الربوبية.

* وقد قال **الله** سبحانه وتعالى:

﴿وَلَئِن سَأَلْتَهُمْ لَيَقُولُنَّ إِنَّمَا كُنَّا نَخُوضُ وَنَلْعَبُ ۚ قُلْ أَبِاللَّهِ وَآيَاتِهِ وَرَسُولِهِ كُنتُمْ تَسْتَهْزِئُونَ﴾

(**التوبة ٦٥**)

* وقال **الله** تعالى:

﴿كَمَثَلِ الشَّيْطَانِ إِذْ قَالَ لِلْإِنسَانِ اكْفُرْ فَلَمَّا كَفَرَ قَالَ إِنِّي بَرِيءٌ مِّنكَ إِنِّي أَخَافُ اللَّهَ رَبَّ الْعَالَمِينَ﴾

* للأسف الشديد أفكار الإلحاد قد انتشرت بين الشباب في هذه الأيام ونحن

في السنة: ١٤٤١ (التقويم الهجري).

* في الغرب والشرق قد انتشرت أفكار الإلحاد.

* وهذا مكر الشيطان وحزبه من الإنس والجن:

﴿ثُمَّ لَآتِيَنَّهُم مِّن بَيْنِ أَيْدِيهِمْ وَمِنْ خَلْفِهِمْ وَعَنْ أَيْمَانِهِمْ وَعَن شَمَائِلِهِمْ ۖ وَلَا تَجِدُ أَكْثَرَهُمْ شَاكِرِينَ﴾

(الأعراف ١٧)

* وقول الله تعالى :

﴿كَمَثَلِ الشَّيْطَانِ إِذْ قَالَ لِلْإِنسَانِ اكْفُرْ فَلَمَّا كَفَرَ قَالَ إِنِّي بَرِيءٌ مِّنكَ إِنِّي أَخَافُ اللَّهَ رَبَّ الْعَالَمِينَ﴾

(الحشر ١٦)

*****

(مذكرات و تعليقات)

سلسلة شروحات ومؤلفات العقيدة (علم أصول الدين): ؟

The Blessing - *An Explanation of the Creed of the Nation*

النعمة شرح 90 عقيدة الأمة

A Theological, Language & Translation Academic Modular Programme.

سلسلة شروحات ومؤلفات العقيدة (علم أصول الدين): ٢

The Blessing - *An Explanation of the Creed of the Nation*

النعمة شرح 91 عقيدة الأمة

A Theological, Language & Translation Academic Modular Programme.

(فصل: الفطرة)

* هناك أسباب كثيرة للانحراف ومنها الأسباب التربوية والأسباب الاجتماعية والظروف الاقتصادية والبيئة والأسرة والأصدقاء وغيرها من الأسباب.

* حديث مشهور وهو حديث صحيح عن الفطرة وهو حديث أبي هريرة رضي **الله** عنه:

((كُلُّ مَوْلُودٍ يُولَدُ علَى الفِطْرَةِ، فأبَوَاهُ يُهَوِّدَانِهِ، أوْ يُنَصِّرَانِهِ، أوْ يُمَجِّسَانِهِ))

*****

سلسلة شروحات ومؤلفات العقيدة (علم أصول الدين): ؟

The Blessing - *An Explanation of the Creed of the Nation*

(مذكرات و تعليقات)

النعمة شرح 93 عقيدة الأمة

A Theological, Language & Translation Academic Modular Programme.

سلسلة شروحات ومؤلفات العقيدة (علم أصول الدين): ٢

The Blessing - *An Explanation of the Creed of the Nation*

النعمة شرح 95 عقيدة الأمة

A Theological, Language & Translation Academic Modular Programme.

(فصل: المعرفة)

* هناك فرق كثيرة وهي قد خالفت أهل السنة والجماعة في مسألة الإيمان.

* الإيمان ليس المعرفة فقط لأن المشركين والكفار يعرفون وعندهم معرفة والشيطان عنده معرفة والمنافق عنده معرفة وأبو لؤلؤة المجوسي عنده معرفة.

* الإيمان قول وعمل واعتقاد.

* الإيمان هو أن تعتقد بقلبك ووهو أن تنطق بلسانك وأن تعمل بجوارحك والأدلة كثيرة وقد ذكرنا بعض الأدلة. ومن الأدلة هي:

﴿وَلَكِنَّ اللَّهَ حَبَّبَ إِلَيْكُمُ الإِيمَانَ وَزَيَّنَهُ فِي قُلُوبِكُمْ﴾

[الحشر: ٧]

﴿قُولُواْ آمَنَّا بِاللّهِ وَمَآ أُنزِلَ إِلَيْنَا وَمَا أُنزِلَ إِلَى إِبْرَاهِيمَ وَإِسْمَاعِيلَ وَإِسْحَقَ وَيَعْقُوبَ وَالأسْبَاطِ وَمَا أُوتِيَ مُوسَى وَعِيسَى وَمَا أُوتِيَ النَّبِيُّونَ مِن رَّبِّهِمْ لاَ نُفَرِّقُ بَيْنَ أَحَدٍ مِّنْهُمْ وَنَحْنُ لَهُ مُسْلِمُونَ﴾

[البقرة: ١٣٦]

﴿إِنَّ الَّذِينَ يَتْلُونَ كِتَابَ اللَّهِ وَأَقَامُوا الصَّلَاةَ وَأَنفَقُوا مِمَّا رَزَقْنَاهُمْ سِرًّا وَعَلَانِيَةً يَرْجُونَ تِجَارَةً لَّن تَبُورَ﴾

[فاطر: ٢٩].

﴿يَا أَيُّهَا الَّذِينَ آمَنُوا اذْكُرُوا اللَّهَ ذِكْرًا كَثِيرًا﴾

[الأحزاب: 41].

﴿يَا أَيُّهَا الَّذِينَ آمَنُوا ارْكَعُوا وَاسْجُدُوا وَاعْبُدُوا رَبَّكُمْ وَافْعَلُوا الْخَيْرَ لَعَلَّكُمْ تُفْلِحُونَ وَجَاهِدُوا فِي اللَّهِ حَقَّ جِهَادِهِ هُوَ اجْتَبَاكُمْ﴾

[الحج: ٧٧- ٧٨].

النعمة شرح 97 عقيدة الأمة

(مذكرات و تعليقات)

───── (فصل: المرجئة) ─────

* المرجئة: هذه الفرقة والطائفة قد خالفت تعريف الإيمان.

* أفكارها وآرائها ومواقفها موجودة ومكتوبة ومدروسة ومنشورة.

* من مشاكل هذه الطائفة هي تأخير الأعمال عن حقيقة الإيمان.

* تعريف الإيمان ليس التصديق بالقلب فقط.

* الإيمان ليس النطق فقط لأن المنافق يشهد بأنه يؤمن وهذا قول باللسان.

وإن **الله** قد قال:

﴿وَمِنَ النَّاسِ مَن يَقُولُ آمَنَّا بِاللَّهِ وَبِالْيَوْمِ الْآخِرِ وَمَا هُم بِمُؤْمِنِينَ﴾
(البقرة الآية ٨).

٭ والإيمان ليس القول باللسان واعتقاد القلب فقط.

٭ الإيمان هو **اعتقاد وقول وعمل** وسنذكر بعض أقوال أصحاب الفضل في هذا الأمر إن شاء الله.

٭٭٭٭٭

سلسلة شروحات ومؤلفات العقيدة (علم أصول الدين): ٢
The Blessing - *An Explanation of the Creed of the Nation*

(مذكرات و تعليقات)

(فصل: الزيادة والنقصان)

* الإيمان تزيده الطاعات وتنقصه السيئات والذنوب والمعاصي وهذا التعريف

للإيمان مشهور جدا في كتب الاعتقاد.

* وقال الإمام البغوي صاحب التفسير المشهور:

(اتفقت الصحابة والتابعون فمن بعدهم من علماء السنة على أن الأعمال من

الإيمان.. وقالوا: إن الإيمان قول وعمل وعقيدة).

(البغوي في كتابه شرح السنة)

* وروى الإمام اللالكائي عن الإمام البخاري قوله:

(لقيت أكثر من ألف رجل من العلماء بالأمصار فما رأيت أحداً منهم يختلف

في أن الإيمان قول وعمل، يزيد وينقص).

* والإيمان له نواقض معلومة وشرحها موجود في شروح العلماء المكتوبة.

* لا يكفر أحد من أهل ملة الإسلام إلا بناقض من نواقض الإيمان.

* وهناك نواقض قولية وعملية واعتقادية وقد تُجمع في كافر.

*****

───── (فصل: فرعون) ─────

* النصراني يؤمن بالله ولكن للدين النصراني فرق كثيرة ومقالات مختلفة في

مسائل كثيرة ومسائل العقيدة. النصراني ليس بمسلم والمسلم ليس بنصراني.

* الشيطان لم ينكر الرب. وهل هذا يلزم أن الإبليس مؤمن؟

﴿كَمَثَلِ الشَّيْطَانِ إِذْ قَالَ لِلْإِنسَانِ اكْفُرْ فَلَمَّا كَفَرَ قَالَ إِنِّي بَرِيءٌ مِّنكَ إِنِّي أَخَافُ

اللَّهَ رَبَّ الْعَالَمِينَ﴾

(الحشر ١٦)

* فرعون في الحقيقة يعرف أن **الله** هو الخالق ولكنه مات كافرا والدليل قول

الله تعالى:

﴿قَالَ لَقَدْ عَلِمْتَ مَا أَنزَلَ هَـٰؤُلَاءِ إِلَّا رَبُّ السَّمَاوَاتِ وَالْأَرْضِ بَصَائِرَ وَإِنِّي لَأَظُنُّكَ يَا فِرْعَوْنُ مَثْبُورًا﴾

[الإسراء ١٠٢].

*****

(مذكرات و تعليقات)

سلسلة شروحات ومؤلفات العقيدة (علم أصول الدين): ؟

The Blessing - *An Explanation of the Creed of the Nation*

النعمة شرح 111 عقيدة الأمة

A Theological, Language & Translation Academic Modular Programme.

‏——— (فصل: الأول والآخر) ———

* **الله** هو الأول فليس قبله شيء وهو الآخر فليس بعده شيء.

* أفعال **الله** تبارك وتعالى لا بداية لها و**الله** لا بداية له.

* ولهذه المسألة (صفات الأفعال قديمة النوع حادثة الآحاد) هناك توضيح

جميل وهو:

(كلام **الله** هو من صفاته جلَّ وعلا مثل غضبه ورضاه ورحمته وعلمه، ليس

بمخلوقٍ، بل **الله** بصفاته هو الخالق، وما سواه مخلوقٌ. وكلامه جلَّ وعلا

جنسه قديم، لم يزل مُتكلِّمًا ، ولكنه حادث الأنواع؛ فكلامه مع محمدٍ ﷺ

غير كلامه مع موسى، بعد موسى، وهكذا كلامه يوم القيامة للناس، وكلامه

لأهل الجنة: يا أهلها، هل رضيتُم؟ كلامٌ جديدٌ بعدما دخلوا الجنة، وليس

بقديمٍ. فصفات **الله** جلَّ وعلا قديمة النوع، حادثة الآحاد، وهكذا غضبه على

قوم لوط بعد غضبه على قوم نوح، وقوم عاد، وقوم ثمود، غضبٌ جديدٌ آخر،

غير غضبه على أولئك، وغضبه على فرعون وجماعته بعد غضبه على قوم هود،

وقوم صالح، وقوم لوط، وقوم شعيب، وهكذا غضبه على قريش وما حصل عليهم

يوم بدرٍ من المقتلة العظيمة، كل ذلك بأسباب كُفرهم وضلالهم وغضب **الله**

عليهم، وهكذا غضبه على مَن عصاه إلى يومنا هذا، كل مَن عصاه وخالف

أمره غضب عليه، كما قال تعالى:

﴿وَمَن يَقْتُلْ مُؤْمِنًا مُّتَعَمِّدًا فَجَزَاؤُهُ جَهَنَّمُ خَالِدًا فِيهَا وَغَضِبَ اللَّهُ عَلَيْهِ وَلَعَنَهُ وَأَعَدَّ لَهُ عَذَابًا عَظِيمًا﴾

[النساء: ٩٣]

المعاصي تُوجب غضب الله، والطاعة تُوجب رضاه؛ فضلًا منه سبحانه)

(عبد العزيز بن عبد الله رحمه الله).

*****

(مذكرات و تعليقات)

النعمة شرح 117 عقيدة الأمة

A Theological, Language & Translation Academic Modular Programme.

————(فصل: الأقوال المستوردة)————

* وقد قال **الله** تعالى :

﴿إِنَّمَا يَأْمُرُكُم بِالسُّوءِ وَالْفَحْشَاءِ وَأَن تَقُولُوا عَلَى اللَّهِ مَا لَا تَعْلَمُونَ﴾

[النساء: ١٦٩]

* وقد قال ابن كثير رحمه **الله** في تفسيره المشهور:

(وقوله :

﴿إِنَّمَا يَأْمُرُكُم بِالسُّوءِ وَالْفَحْشَاءِ وَأَن تَقُولُوا عَلَى اللَّهِ مَا لَا تَعْلَمُونَ﴾

[النساء: ١٦٩]

أي : إنما يأمركم عدوكم الشيطان بالأفعال السيئة ، وأغلظ منها الفاحشة كالزنا

ونحوه ، وأغلظ من ذلك وهو القول على **الله** بلا علم ، فيدخل في هذا كل

كافر وكل مبتدع أيضا).

(تفسير ابن كثير)

٭ الأقوال الغريبة المخالفة والمستوردة في العقيدة هي نتيجة ترك الوحيين ونتيجة

ترك الوحيين هي القول على **الله** بغير علم.

٭ إذا تركت الهداية لا نهاية للأقوال الباطلة والآراء الفاسدة.

٭٭٭٭٭

(مذكرات و تعليقات)

‏ـــــــــ (فصل: الطاعة والضلال) ـــــــــ

* ترك القرآن والسنة وفهم القرون المفضلة للعقول وأقوال الكبار وآراء المشايخ

والأمراء نتيجتها كما قال **الله** تبارك وتعالى :

﴿وَقَالُوا رَبَّنَا إِنَّا أَطَعْنَا سَادَتَنَا وَكُبَرَاءَنَا فَأَضَلُّونَا السَّبِيلَا﴾

[الأحزاب: ٦٧].

* يعني الأشراف والعلماء والأمراء والكبراء من المشيخة.

* وقد ذكر القرطبي رحمه **الله** في تفسيره:

(﴿ وَقَالُوا رَبَّنَا إِنَّا أَطَعْنَا سَادَتَنَا وَكُبَرَاءَنَا﴾ قرأ الحسن : (ساداتنا) بكسر التاء،

جمع سادة . وكان في هذا زجر عن التقليد . والسادة جمع

السيد.....وساداتنا جمع الجمع.......والأظهر العموم في القادة والرؤساء في

الشرك والضلالة ، أي أطعناهم في معصيتك وما دعونا إليه فأضلونا السبيلا أي

عن السبيل وهو التوحيد).

(تفسير القرطبي).

٭ نتيجة هذا الضلال وترك الصراط المستقيم:

﴿رَبَّنَا آتِهِمْ ضِعْفَيْنِ مِنَ الْعَذَابِ وَالْعَنْهُمْ لَعْنًا كَبِيرًا﴾

[الأحزاب: ٦٨].

٭٭٭٭٭

(مذكرات و تعليقات)

━━━(فصل: الخليل)━━━

* الرسول ﷺ من مكة المكرمة وهاجر إلى المدينة المنورة.

* نحن نحب **الله** سبحانه وتعالى وإن **الله** يحب عباده الصالحين ويحب خليله إبراهيم عليه السلام ويحب خليله محمد ﷺ.

* هناك درجات المحبة وأعلى الدرجات المحبة للنبي إبراهيم عليه السلام وللنبي محمد ﷺ.

* أعلى الدرجات هي الخلة (يعني درجات المحبة).

* وقال **الله** سبحانه وتعالى:

﴿وَمَنْ أَحْسَنُ دِينًا مِّمَّنْ أَسْلَمَ وَجْهَهُ لِلَّهِ وَهُوَ مُحْسِنٌ وَاتَّبَعَ مِلَّةَ إِبْرَاهِيمَ حَنِيفًا ۗ وَاتَّخَذَ اللَّهُ إِبْرَاهِيمَ خَلِيلًا﴾

(النساء ١٢٥).

* **الله** هو الغني الحميد. كلنا بحاجة إليه وقد قال **الله** تعالى:

﴿يَا أَيُّهَا النَّاسُ أَنتُمُ الْفُقَرَاءُ إِلَى اللَّهِ ۖ وَاللَّهُ هُوَ الْغَنِيُّ الْحَمِيدُ﴾

(سورة فاطر ١٥).

* الخلة لم تذكر إلا لإبراهيم عليه السلام ولمحمد ﷺ.

*****

(مذكرات و تعليقات)

───── (فصل: النار والجنان) ─────

* النار والجنة كلاهما خلقهما **الله** وهما موجودتان ولكل واحدة منهما ملؤها.

* وفي البخاري:

((قال **الله** تعالى للجنة أنت رحمتي. وقال للنار أنت عذابي أصيب بك من أشاء،

ولكل واحدة منكما ملؤها))

(رواه البخاري).

* شهود يهوه طائفة نصرانية مزعومة. هي لا تؤمن بالنار بل هي تؤمن بمملكة

الله على الأرض وتؤمن بالجنة على الأرض.

⁂ لقد دلت الأدلة الشرعية الصريحة من الكتاب والسنة على أن الجنة هي

موجودة الآن وأن النار موجودة الآن.

⁂ قوله تعالى: عن الجنة:

﴿أُعِدَّتْ لِلْمُتَّقِينَ﴾

[آل عمران: ١٣٣]

﴿أُعِدَّتْ لِلَّذِينَ آمَنُوا بِاللَّهِ وَرُسُلِهِ﴾

[الحديد: ٢١]

⁂ وقد قال الله سبحانه وتعالى عن النار:

﴿أُعِدَّتْ لِلْكَافِرِينَ﴾

[آل عمران: 131]

﴿إِنَّ جَهَنَّمَ كَانَتْ مِرْصَادًا لِّلطَّاغِينَ مَآبًا﴾

[**النبأ: ٢١ – ٢٢**].

* وهناك أدلة كثيرة من الوحيين لهذه المسألة وهي أن الجنة والنار موجودتان مخلوقتان.

* وقد قال **الله** تعالى:

﴿كل نفس ذائقة الموت ثم إلينا ترجعون﴾

[**العنكبوت** - 75].

* الحياة في الجنة حياة أبدية لا نهاية لها والحياة في النار حياة أبدية لا نهاية لها أبدا ولا تبيدان.

* وقد قال **الله** تعالى:

﴿والذين آمنوا وعملوا الصالحات سندخلهم جنات تجري من تحتها الأنهار خالدين فيها أبداً لهم فيها أزواج مطهرة وندخلهم ظلا ظليلا﴾

[النساء ٥٧]

* يعني في الجنة بغير نهاية ولا انقطاع وسيدخلون الجنة وحياتهم فيها حياة دائمة.

((يدخل أهل الجنةِ الجنةَ وأهل النارِ النارَ ، ثم يقوم مؤذن بينهم : يا أهل النار لا موت ، ويا أهل الجنة لا موت ، خلود))

(وهذا الحديث في صحيح البخاري و صحيح مسلم).

* أهل النار يعذبون وهذا العذاب كما قال **الله** سبحانه وتعالى:

﴿إِنَّ الَّذِينَ كَفَرُوا وَظَلَمُوا لَمْ يَكُنِ اللَّهُ لِيَغْفِرَ لَهُمْ وَلَا لِيَهْدِيَهُمْ طَرِيقًا * إِلا طَرِيقَ

جَهَنَّمَ خَالِدِينَ فِيهَا أَبَدًا وَكَانَ ذَلِكَ عَلَى اللَّهِ يَسِيرًا﴾

(النساء ١٦٨-١٦٩).

* أهل النار في النار والنار مؤبدة والجنة مؤبدة أيضا.

* لا تنقطع حركات أهل الجنة وأهل الجنة سوف يشربون وسوف يأكلون ولا

تنقطع الحركات.

✳✳✳✳✳

سلسلة شروحات ومؤلفات العقيدة (علم أصول الدين): ٢
The Blessing - *An Explanation of the Creed of the Nation*

(مذكرات و تعليقات)

النعمة شرح 135 عقيدة الأمة

سلسلة شروحات ومؤلفات العقيدة (علم أصول الدين): ٢

The Blessing - *An Explanation of the Creed of the Nation*

النعمة شرح 137 عقيدة الأمة

A Theological, Language & Translation Academic Modular Programme.

‐‐‐‐‐‐‐ (فصل: الإعادة) ‐‐‐‐‐‐‐

* قال الله تعالى:

﴿وَهُوَ الَّذِي يَبْدَأُ الْخَلْقَ ثُمَّ يُعِيدُهُ وَهُوَ أَهْوَنُ عَلَيْهِ ۚ وَلَهُ الْمَثَلُ الْأَعْلَىٰ فِي السَّمَاوَاتِ وَالْأَرْضِ ۚ وَهُوَ الْعَزِيزُ الْحَكِيمُ﴾

(الروم ٢٧).

* الإعادة ﴿ أَهْوَنُ عَلَيْهِ ﴾ وهذا بعد الموت (أسأل الله لي ولكم حسن الخاتمة).

* الزمان إذا ذهب لا يعود. العام الماضي لا يعود وعهد موسى عليه السلام لا يعود.

٭ وقد روى البخاري رحمه **الله** في الصحيح أن ابن عباس رضي **الله** عنه قال:

قال النبي ﷺ:

(نعمتان مغبون فيهما كثير من الناس، الصحة والفراغ).

٭ النعم كثيرة جدا ومنها الوقت.

٭٭٭٭٭

سلسلة شروحات ومؤلفات العقيدة (علم أصول الدين): ٢

The Blessing - *An Explanation of the Creed of the Nation*

(مذكرات و تعليقات)

النعمة شرح 140 عقيدة الأمة

‏(فصل: القدر والجبر)‏

* هذه الأمة أمة السنة وأمة وسطية. عقيدة الإسلام الصحيحة وسط بين عقائد الجبرية والقدرية.

* **الله** سبحانه وتعالى خلق الخلق لغاية عظيمة وقال **الله** تعالى في كتابه:

﴿وَمَا خَلَقْتُ الْجِنَّ وَالْإِنسَ إِلَّا لِيَعْبُدُونِ﴾

(**الذاريات** 56).

* مذهب أهل السنة والجماعة هو أن العبد ليس بمجبور. المسلم ليس بمجبور على أعماله وأفعاله.

* العبد المسلم والعبد الكافر لهما الخيار.

⁕ نحن نثبت القدر ولا نأخذ أقوال مذهب الجبر وهذه الطائفة إسمها الجبرية

وهي خالفت عقيدة الإسلام والركن السادس من أركان الإيمان (الإيمان

بالقدر).

⁕ لا يعذب الله عبده على معصية لم يفعلها ولن يعذب الله عبده على عمل

ليس له فيه اختيار وأيضا لا يعذب الله من أكره.

⁕ وقال ابن كثير رحمه الله:

(وأما قوله: ﴿إلا من أكره وقلبه مطمئن بالإيمان﴾ فهو استثناء ممن كفر بلسانه

ووافق المشركين بلفظه مكرها لما ناله من ضرب وأذى، وقلبه يأبى ما يقول،

وهو مطمئن بالإيمان بالله ورسوله).

* إذا كفر العبد نقول أن هذا فعله ولا نقول أن **الله** أجبره وإذا زنى العبد أو قتل

أو شتم نقول هذه الأفعال والأقوال هي أقواله وأفعاله.

* لا يعذب **الله** عبدا على عمل ليس له فيه اختيار لأن هذا ظلم وليس العبد

بمجبر. **الله** سيعاقب الناس على أفعالهم ولا يعاقبهم على أفعال الآخرين.

وصلى الله على نبينا محمد وعلى من اتبعه.

*****

انتهت الرسالة الثانية ولله الحمد

The Blessing - *An Explanation of the Creed of the Nation*

(مذكرات و تعليقات)

النعمة شرح 145 عقيدة الأمة

A Theological, Language & Translation Academic Modular Programme.

سلسلة شروحات ومؤلفات العقيدة (علم أصول الدين): ٢

The Blessing - *An Explanation of the Creed of the Nation*

النِّعمَةُ شَرحُ عَقِيدَةِ الأُمَّةِ

تأليف الفقير إلى الله:

خادم الدين بن يونس بن عبد القادر السريع

غفر الله له ولوالديه وللمسلمين

مشروع دار عقيدة الإسلام للنشر والتوزيع

إذا قرأت هذا المتن ووجدت فيه أي نوع من أنواع الأخطاء العلمية فأخبرنا.

A Theological, Language & Translation Academic Modular Programme.

Printed in Poland
by Amazon Fulfillment
Poland Sp. z o.o., Wrocław

63424156R00087